AF309609

LA RÉPUBLIQUE

ET

L'EMPIRE

OU LE

DEVOIR DES FRANÇAIS

PAR

G.-M. DEBONNEARME

PRIX : **2** FRANCS

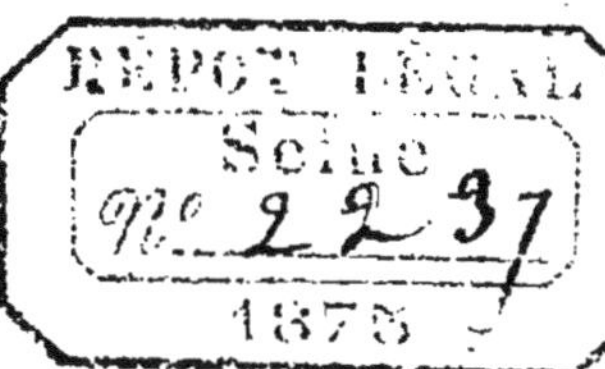

PARIS

LACHAUD & Cie, LIBRAIRES-ÉDITEURS

4, PLACE DU THÉATRE-FRANÇAIS, 4

1875

LA RÉPUBLIQUE

ET

L'EMPIRE

OU LE

DEVOIR DES FRANÇAIS

———

Le Radicalisme est-il admissible?

Telle est aujourd'hui, pour qui pense bien et juge de même, l'unique question à résoudre, au milieu des fluctuations politiques qui nous bercent vainement dans ce vaste océan d'opinions diverses. Oui, pour qui garde sa présence d'esprit, pour qui ne s'effraie pas en face des tempêtes que soulèvent dans le monde les chocs multipliés de mille et mille idées contraires, pour qui reste un instant paisible observateur de la mêlée, dans laquelle se trouve lancée plus que jamais la société divisée contre elle-même, pour qui, en un mot, sait apprécier les deux adversaires qui, dans ce moment, critique se disputent l'empire des peuples et semblent à la veille d'un combat décisif, il n'est pas difficile de reconnaître dans l'action qui s'engage le duel éternel entre le mal qui attaque et le bien qui se défend.

Nous sommes rendus à ce point où tout le monde est irrévocablement appelé à prendre part au combat ; il nous importe donc de connaître à fond les deux adversaires en présence. Rien de plus facile, ils se nomment l'un et l'autre. C'est, d'une part, la liberté inqualifiée, non définie, pas même qualifiable ni définissable, s'appelant le Radicalisme ou la République ; de l'autre, c'est l'autorité ferme et résolue, c'est l'ordre personnifié dans la Monarchie. Voilà les deux partis qui demandent notre appui. Dès lors évidemment se présente à l'esprit de chacun cette question d'autant plus grave qu'elle met sur le tapis les intérêts de la société entière et les intérêts particuliers.

Le Radicalisme est-il admissible ? Peut-il être élevé au niveau d'un système de gouvernement ?

Remarquez, je vous prie, que je ne dis point : le Radicalisme est-il préférable à tous les systèmes de gouvernement ? ni même est-il préférable à tel ou tel système de gouvernement ? Remarquez que je me demande seulement ceci :

Le Radicalisme est-il purement et simp'ement admissible ? Peut-il procurer, je ne dis point tous, mais un seul des avantages qu'il promet ?

Il est impossible à n'importe qui de fixer sérieusement son choix, de prendre sensément un parti, avant d'avoir, la main sur le cœur, résolu cette question brûlante. Car, que tout politique le sache bien, dans la discussion sur le Radicalisme, il s'agit du bien-être ou de la ruine complète d'un grand peuple. En abandonnant le régime qui fit la France, et qui l'enrichit des grandeurs dont ses enfants d'aujourd'hui se glorifient, pour le régime radical et la République modérée qui lui donne la main, on abandonne sans nul doute le certain pour l'incertain, on détruit le solide pour le brillant.

Le Radicalisme est-il admissible ?

Non, le Radicalisme n'est pas admissible, parce

u'il n'est pas un régime sérieux; le Radicalisme
'est pas admissible parce qu'il ne peut constituer
ne doctrine raisonnée; le Radicalisme n'est pas
admissible, parce qu'il ne peut organiser une société
durable; enfin, le Radicalisme n'est pas admissible,
parce qu'il se contredit pratiquement à lui-même.

I

Le Radicalisme n'est pas un régime sérieux.

Pour nous convaincre de cette vérité *évidente
d'elle-même*, étudions le Radicalisme dans sa nature, dans ses fins, dans ses moyens et dans ses
effets.

Le Radicalisme, et je ne crois pas qu'il soit possible d'en donner une définition plus juste, est un
système politique qui consiste à faire reposer l'autorité gouvernementale sur la volonté unique et
capricieuse de la nation à laquelle doit s'appliquer
cette même autorité.

Je dis : 1º le Radicalisme est un système.

En effet, qu'est-ce qu'un système? C'est un ensemble de principes, vrais ou faux, qui forment une
opinion; or, le Radicalisme s'appuie sur des principes, en particulier sur le principe de la liberté
(qu'il travestit à sa manière, il est vrai, mais qui
n'est pas moins une sorte de liberté); il forme une
opinion, ainsi que l'expérience nous l'apprend journellement, l'opinion d'une indépendance sans nom.
Je dis plus, un système est un plan qui renferme
les principaux linéaments d'un édifice, d'un monument, d'une législation avec le choix des moyens

pour arriver à l'édification de ce même édifice, à la construction de ce même monument, à l'établissesement de cette même législation. Or, le Radicalisme conçoit un édifice moral, il tend à créer une législation nouvelle et qui lui est propre.

2° Système *politique*, parce qu'il traite du gouvernement d'un peuple, de son organisation, de son administration.

3° Qui fait reposer l'autorité gouvernementale sur la volonté unique de la nation. Le Radicalisme n'exclut point formellement l'autorité, mais il repousse tout régime héréditaire dans le gouvernement pour n'admettre que le mode de succéder par voie d'élection.

4° Volonté *capricieuse*. Le Radicalisme, en effet, admet et veut que les lois changent avec les opinions, les désirs et les caprices du peuple, et non pas, comme les radicaux osent l'affirmer, avec ses mœurs et ses besoins. On ne saurait admettre, en effet, que les mœurs d'une nation changent tous les vingt ans. De plus, tout le monde n'ajoutera-t-il pas avec moi qu'il est absurde ce régime qui ne peut parer aux besoins des sujets que par le renouvellement fréquent ou la multiplicité des lois, puisque l'administration n'en devient que plus difficile et l'obéissance plus imparfaite. Mais, revenons au sujet ; on ne peut admettre, dis-je, que les mœurs d'une nation changent tous les dix ans, ni tous les vingt ans. C'est donc, selon le Radicalisme, le peuple qui réglemente ses lois et son chef, tandis que les lois et le chef devraient réglementer le peuple.

Les fins vers lesquelles tend le Radicalisme sont la destruction de l'unité nationale, la destruction de l'uniformité gouvernementale et la destruction de la morale religieuse.

Premièrement, le Radicalisme détruit l'unité ou engendre la division nationale. Comme, d'après le Radicalisme, tout citoyen a le droit de gouverner, chacun peut revendiquer ce droit qu'un autre semble justement réclamer. De là un nombre infini d'aspirants dans une crise électorale, et, par suite, un nombre infini de partis politiques. Il ne peut évidemment y avoir qu'un élu et qu'un seul parti triomphant ; or, le Radicalisme, ou pour parler plus clairement, la constitution de la République voulant que ce nouvel élu ne garde le pouvoir, mieux encore, ne préside à l'ombre du pouvoir que pendant une période déterminée de cinq, huit ou dix ans au plus, ne saurait manquer d'arriver ainsi à la division des esprits. Supposons que cette période soit de longue durée, elle sera toujours trop courte pour qu'un président puisse bien mériter de tous, et elle sera toujours trop longue pour que les partis mécontents d'avoir échoué ne trouvent pas l'occasion de l'accuser et de le faire échouer à son tour à leur profit dans de nouvelles élections. Cependant d'autres partis se créeront sous le souffle de l'intrigue et de l'ambition pour jouer indéfiniment le même rôle. Logiquement parlant, les radicaux ne pourront combattre ces milliers de partis sans léser leur principe fondamental, celui de la liberté. Admettons, en effet, que les radicaux ne souffrent pas aux autres ce qu'ils veulent pour eux-mêmes, j'entends par là le droit d'exister, ils deviennent aussitôt ceux qu'ils combattent ; ils ne sont plus libéraux, ils sont absolutistes. Pourquoi le dire, puisque l'expérience l'a dit avant moi ? Donc la République ou, si ce mot vous blesse, le Radicalisme engendre la division chez les peuples.

Deuxièmement, le Radicalisme engendre la multiplicité des lois, le plus grand signe de la corruption des mœurs dans une nation, et il détruit *l'uniformité gouvernementale*, qui fait toute la force d'un peuple et qui est la base unique de sa grandeur.

Effectivement, il n'est point douteux qu'une loi qui plaît à l'un ne déplaise à l'autre. Les intérêts de chacun ne sont pas tous avec le même parti, dans la position ni du goût d'un seul. La Constitution qui plaît à tel parti, qui favorise telle position, qui entre dans les goûts de certains, sera nécessairement nuisible aux partis contraires et aux goûts différents. Qu'il arrive au pouvoir, j'aime mieux dire à la présidence, ce parti contraire, ce chef qui favorise les goûts et les positions d'un ordre opposé; aussitôt les lois antérieures, qui lui sont personnellement nuisibles à lui et aux siens, seront d'abord améliorées, puis abrogées, puis remplacées par d'autres plus douces, plus favorables, et ainsi de suite après lui jusqu'à l'indéfini.

On m'objecte déjà que les lois sont immuables, et qu'en conséquence un nouveau président ne saurait les abroger pour la simple raison qu'elles ne lui plaisent pas. Je réponds que si les radicaux refusent au nouvel élu, au nouveau cabinet la faculté de faire changer les lois, ou tout au moins de les faire modifier, ils ne sont plus radicaux. Car l'élection nouvelle d'un parti contraire au parti régnant antérieurement prouve de fait que ce parti ne plaisait pas, que son gouvernement était nuisible, et que conséquemment ses lois doivent être réformées. Si, malgré la majorité de la nation qui vient de pro-

noncer sa volonté, de manifester son mécontente-
ment d'une telle administration, l'on veut défendre,
maintenir des lois antérieures, on n'est plus radical, mais absolutiste au dernier point, puisque l'on
impose ces mêmes lois aux sujets qui ne les veulent
pas. Donc le Radicalisme engendre la multiplicité
des lois ou détruit l'uniformité de gouvernement.

Troisièmement, enfin, le Radicalisme tend à la
propagation de l'immoralité et à la destruction du
culte religieux.

Par le fait même que les radicaux défendent la
libre pensée (et ils y sont essentiellement obligés
s'ils veulent être logiques), ils attaquent la morale.
Personne n'ignore, en effet, que la libre pensée n'est
pas autre chose que la liberté de concevoir indifféremment le bien ou le mal, d'opter pour l'un ou
pour l'autre sans distinction de mérite ni de valeur,
de défendre indifféremment l'un ou l'autre, suivant
qu'il sert plus ou moins à nos avantages. Or, il est
certain que la nature est toujours plus portée vers
la satisfaction que vers le frein de ses désirs. L'expérience prouve à chacun de nous que la nature
est passionnée d'elle-même, et qu'elle cherche toujours à franchir la barrière qui s'oppose à ses mouvements. Mais quelle est la barrière des passions?
La morale. Et quel est le contraire de la morale ?
L'immoralité. Le contraire de la morale est donc, et
dans les passions mauvaises et dans l'immoralité,
ou, en d'autres termes, pour que je sois bien clair,
les passions mauvaises et l'immoralité combattent
pour la même cause, pour la destruction de la morale. Ainsi, quiconque, je ne dis pas défend les passions, mais leur accorde seulement la liberté
d'exister, l'accorde aussi à l'immoralité. Or, le Ra-

dicalisme accorde la liberté de penser le mal ainsi que le bien, il accorde inclusivement le droit de le faire. Ce n'est point autre chose que jeter le frein des passions, que combattre la morale pour lui substituer l'immoralité.

Inutile de prouver ici que le régime radical est la négation pure et simple du culte religieux. Pour nous convaincre d'une telle assertion, s'il en est besoin, ouvrons le premier journal radicaliste venu. Il n'en est pas un seul qui ne gratifie de son sourire satanique toute manifestation religieuse et qui ne se réjouisse publiquement des pertes sensibles que fait, depuis longtemps, le Chef de la Religion dans ses ressources matérielles. Or, se réjouir de la ruine du Chef de l'Église, c'est désirer son expulsion de la société, et désirer que le Chef de l'Église soit expulsé de la société, c'est désirer que la Religion elle-même en soit expulsée. Donc, le Radicalisme est la négation pure et simple du culte religieux.

En vain me dira-t-on qu'il y a plus d'un culte, et qu'en attaquant l'Église catholique on n'attaque point les autres cultes qui sont bien plus conciliants et conséquemment plus admissibles. Sans répondre qu'un culte religieux n'en est plus un à partir du jour où il peut se concilier avec les passions, je dis qu'en dehors de l'Église catholique il n'y a point de vrai culte. Car, originairement et doctrinairement considérés, tous les cultes se rattachent à l'Église qui en est le tronc et dont, pour ainsi dire, ils reçoivent la vie. Coupez ce tronc, si c'est possible, vous n'aurez plus de branches : effacez le culte catholique, et tous les autres cultes s'effaceront bientôt insensiblement. Oui, je le répète, tout en combattant dans la religion catholique ce qui leur déplaît, les autres religions ont pris en elle la base de leur doctrine, leurs principes constitutifs. On peut dire en ce sens qu'elles en sont les branches. Or il vous est impossible de conserver dans un arbre la vie des branches en coupant le tronc. Donc, en combattant l'Église, non-seulement les radicaux combattent un culte, mais ils combattent encore et ils tendent à détruire tous les autres cultes.

Les moyens dont usent les radicaux pour prévaloir ne sont ni plus favorables ni plus légitimes que les fins qu'ils se proposent. Ces moyens sont nombreux, mais ils peuvent tous se résumer en un seul : l'animation des esprits contre l'autorité ou la surexcitation des subordonnés à la révolte contre le maître. Le Radicalisme accordant à tous le droit de gouverner et d'avoir les honneurs, se réduit de lui-même, comme je l'ai observé déjà, à l'impuissance de combattre la diversité des opinions. Or, si vous admettez l'impossibilité de discuter les opinions, aussitôt qu'une entre mille aura conquis la majorité des esprits, ses partisans n'ont pas d'autre moyen que de se coaliser, et ils en ont le droit, pour prendre le pouvoir en main et renverser le parti régnant, quand même le mandat de ce dernier ne serait pas encore expiré. Car, ce parti régnant n'ayant plus la majorité des suffrages pour soi, le gouvernement qu'il représente n'est plus radical. Ainsi, selon le Radicalisme, il suffit de s'appliquer à échauffer les esprits pendant six mois ou un an pour avoir le droit de prendre en mains les rênes de l'État. N'est-ce pas là le foyer même des absurdités? Ne voyez-vous pas la jalousie et l'ambition parcourir dans tous les sens et sous toutes les formes notre pauvre pays pour éveiller, jusqu'au fond des moindres bourgades, les passions politiques, pour se créer des partisans dont elles exploiteront la bonne foi par le mensonge ou des promesses plus brillantes que solides? Tel parti ne soutiendra-t-il pas qu'il a le droit de gouverner plus que tout autre, parce qu'il est plus désintéressé et plus dévoué pour son pays, pendant que tel autre s'évertuera à démontrer qu'il a plus de génie et qu'il est plus habile administrateur? Celui-ci ne criera-t-il pas à l'ingratitude, en montrant un à un tous ses bienfaits passés et ses trop chers sacrifices au bien commun, pendant que celui-là promettant de larges libertés, en appelera à la majorité des suffrages, qui est aujourd'hui pour lui et demain pour un autre? Pour tout dire, nous tomberons dans un cataclysme épouvantable, dans une mêlée indéchiffrable, dans une tempête politique insurmontable, où tout le monde voudra commander et où personne ne voudra obéir. C'est là le symptôme du naufrage, c'est la ruine inévitable d'un grand peuple. Donc, avec la meilleure volonté du monde, il est impossible, en considérant les moyens du Radicalisme, d'être radical et logique en même temps.

Que dirai-je des effets du Radicalisme? Hélas! s'il faut juger d'un arbre par ses fruits, le système radical est bien loin de mériter justement les éloges ou simplement l'assentiment que certains semblent lui accorder. Sans remonter à bien haut, je trouve dans les faits récents, pour ne point dire journaliers, bien des malheurs que les radicaux cherchent en vain à rejeter sur le compte de leurs adversaires. En vain sont-ils les premiers à déplorer nos infortunes, tout le monde sait, et ils le savent bien eux-mêmes, qu'ils en sont la source unique. Avec leurs idées de liberté, qu'ils prêchent sur tous les tons, ils n'ont point manqué de semer la division, d'engendrer la révolte, et conséquemment d'affoiblir l'autorité légitimement établie par le suffrage universel qu'ils réclament eux-mêmes. Or, nous avons vu ce qu'est une puissance dont le gouvernement est débordé par l'esprit de parti, c'est une puissance divisée contre elle-même. Et nous avons vu qu'une puissance divisée contre elle-même n'en est plus une : chez elle, à l'esprit de soumission, succède l'intolérance de la discipline; l'ordre et la paix font place aux bouleversements et aux dissentions intestines; et, pour me servir d'une expression étrange, cette nation n'est plus qu'une nation pourrie. Elle ne peut plus lutter avec un grand peuple, elle ne peut plus se faire respecter de ses voisins, même les plus faibles. Nous ne le savons malheureusement que trop par expérience, et encore nous osons fermer les yeux.

L'Italie, depuis longtemps en proie au Radicalisme, ne cherche-t-elle pas vainement à devenir une grande nation? En restant le siége de la liberté, telle que l'entend le Radicalisme, elle n'est jamais que le théâtre des déchirements politiques et des plaisirs illicites. Vainement veut-elle influencer par ses idées toujours nouvelles, elle n'est pas même l'ombre de la grandeur, elle reste toujours le lit de la mollesse, le sein même de bien des misères. C'est pourtant sa doctrine, son régime, ses idées que les radicaux défendent, puisqu'ils se réjouissent outre mesure de ses agrandissements progressifs et qu'ils se tiennent toujours sur le *qui vive* au sujet des États que le roi d'Italie, ou pour parler plus juste le roi de Piémont, a enlevés à l'Église, craignant sans cesse que le possesseur, plus de dix fois séculaire ne soit rétabli **dans sa propriété légitime.**

Mais pourquoi chercher dans l'œil de l'étranger la paille imperceptible qui le fatigue, lorsque nous devrions plutôt arracher du nôtre l'énorme poutre qui nous aveugle? Depuis quatre-vingts ans quelle est la cause de toutes nos révolutions, de toutes nos plaies politiques? Et même depuis cinq ans quelle est la source de toutes nos faiblesses? J'en cherche une autre que la liberté radicale, je n'en trouve pas. Le second empire, nos vingt ans de prospérités, qui l'a détruit? les idées radicales, ni plus, ni moins. A partir du jour où le Radicalisme mit, sous un faux personnage, le pied sur les marches du trône de Celui qui l'en avait banni en y montant, il fut facile de prévoir que vingt ans de règne suffisaient à l'homme qui avait rendu la France heureuse en la faisant trembler. Ne fût-il pas facile dès lors d'enchaîner le pouvoir, du moins de neutraliser ses efforts et de lui imputer depuis les fautes,. hélas! trop néfastes, dont il était le plus faiblement coupable. Je tomberais dans le faux si je n'accordais que des éloges à la vie politique et privée de l'Empereur, dont la France reconnaissante porte respectueusement le deuil ; mais tout le monde convient que les quelques points noirs qui tachent l'horizon de sa vie politique sont largement effacés par l'éclat de nombreux hauts faits qui lui sont propres. Le passé répond assez du génie de Napoléon III, de cet homme d'État trop critiqué par ceux qui n'ont jamais pu, qui ne peuvent et ne pourront assurément jamais l'imiter, pour que l'on regarde comme purement factice l'incapacité personnelle et absolue que les ennemis de l'Empire veulent, à propos d'une infortune, lui faire supporter. L'histoire, qui est juste et impartiale, survivant à tous retentissements momentanés du présent, saura éclairer les esprits en dévoilant les complots si adroitement noués contre le Pouvoir et si fidèlement exécutés dans l'année 1869-1870. Si cette trame politique n'eût pas existé réellement, pourquoi le plus ardent défenseur du Radicalisme, enflammé de colère, jetait-il du haut de la tribune, au commencement de l'année 1870, le mot de traître à la face du nouveau Ministre, qui désavouait par sa conduite ses idées du passé? On n'appelle traître que celui qui agit contrairement à son serment, qui abuse de la confiance d'autrui. Or, je dis que si l'insigne orateur avait le droit, ou plutôt s'arrogeait le droit, d'appeler *traître* un premier Ministre qui passait les nuits à surveiller et à combattre l'insurrection, c'est que celui-ci, avant d'être ministre, avait promis, pour le devenir, de renverser la Monarchie Bonapartiste au profit du Radicalisme. C'est là une conduite indigne qui ne saurait échapper à un jugement sain, quelle que soit la dextérité avec laquelle elle ait été tenue.

D'où je conclus : tout régime qui tend à diviser les esprits, à multiplier los lois, à détruire la Religion; qui favorise le vol et les complots contre l'autorité, est la ruine complète d'une nation et doit, pour cette raison, être considéré comme un régime odieux; or, le Radicalisme tend à multiplier les lois, à diviser les esprits, à détruire le culte religieux ; il favorise le vol et les complots contre un gouvernement régulièrement établi par cinq millions de suffrages, par près de six millions même, et il menace ainsi la sécurité publique : donc, le radicalisme est un régime odieux et par conséquent inadmissible.

On nous fera peut-être un crime de rappeler ici des faits, hélas, trop déplorables. N'importe, nous ne pouvons nous empêcher d'affirmer que si, au lieu de mettre en cause et de traduire en conseil de guerre quelques généraux monarchistes qui ont eu le malheur d'être vaincus en défendant leur patrie, on demandait à certains radicaux un compte exact de leur conduite dans certaines circonstances de la même époque, ils seraient certainement plus en peine de répondre que ne l'était alors leur propre accusé qui n'était accusé que du crime de poursuivre les séditieux et de maintenir l'ordre public.

II

Le Radicalisme n'est pas admissible, parce qu'il ne saurait être la base d'une doctrine raisonnée,

Le mot doctrine signifie en français et l'art d'enseigner et les principes mêmes que l'on enseigne. Il a, dans le premier cas, un sens actif, et, dans le second cas, un sens passif. De plus, une doctrine peut être considérée sous un double point de vue : sous le point de vue politique, ou en matière de gouvernement, et sous le point de vue religieux, ou en matière de croyance surnaturelle.

Considérée activement et sous le point de vue politique, une doctrine peut se définir l'art d'enseigner certains principes dont l'ensemble constitue une opinion contraire ou favorable à tel ou tel gouvernement. Je dis : 1° *l'art d'enseigner*, c'est-à-dire la manière de procéder pour convaincre les esprits ; 2° *certains principes*. Pour former une doctrine il faut, en effet, des principes ou des bases sur lesquelles repose chaque assertion doctrinale, comme chaque partie d'un édifice repose sur des fondements bien assis; 3° *dont l'ensemble constitue une opinion.* Ces principes doivent concourir à former un tout compact, à rattacher au même sens un certain nombre de propositions qui sont comme l'application ou comme les conséquences nécessaires des principes dont elles découlent; 4° *contraire* ou *favorable,* il n'est point d'opinion qui n'ait sa contraire ni sa contradictoire; toute opinion est donc, relativement à une autre, contraire ou favorable; 5° *à tel* ou *tel gouvernement.* C'est l'essence de toute doctrine politique; si une doctrine ne traite pas du gouvernement d'un peuple, elle ne peut être appelée une doctrine politique.

Considérée passivement, une doctrine politique est l'ensemble même des principes enseignés qui tendent de leur nature à former, en matière de gouvernement, une opinion contraire ou favorable à l'ordre et au bien public. Je dis: 1° *l'ensemble même des principes,* car dans le sens passif, le mot doctrine, comme je l'ai dit tout à l'heure, est pris pour la chose enseignée et non pour le procédé d'enseignement; 2° *opinion contraire* ou *favorable* à *l'ordre et au bien public.* Une opinion a toujours pour objet le bien ou le mal, l'ordre ou le désordre, de là le salut ou la ruine du peuple.

Une doctrine politique diffère d'une doctrine religieuse en ce que celle-ci a pour objet le culte que le peuple doit pratiquer, la croyance surnaturelle à laquelle il doit s'attacher; tandis que celle-là traite de la forme du gouvernement qui doit régir une nation.

D'où il ressort que pour constituer une doctrine, trois choses sont essentiellement requises: principes justes, raisonnements logiques, conclusions légitimes. Or, le Radicalisme ne saurait constituer une doctrine parce que : 1° il repose sur un principe pratiquement faux ; 2° le langage radical ne renferme de fait aucun raisonnement ; 3° par suite on ne peut tirer aucune conclusion logique ni pratique.

Premièrement le principe de la liberté sur lequel repose le Radicalisme est un principe faux, ou un principe de contradiction.

Le principe de la liberté en matière d'opinions n'est autre chose que celui de la libre pensée ; or, si en vertu de ce principe je cherche à faire prévaloir ma manière de penser, de concevoir, si, en d'autres termes, je cherche à persuader les masses d'une idée religieuse ou politique qui m'est propre, mais différente de la leur (et c'est précisément le rôle que je joue en tentant de les convaincre par le raisonnement) j'atteins un but tout opposé à celui que je me propose. Je me propose d'être libéral et je suis despote. Voici comment : je parle en vertu de la liberté de penser et de communiquer ma pensée, je dois nécessairement raisonner pour me faire comprendre et pour convaincre. Or, admettez un instant que je parvienne à convaincre mes auditeurs, je m'asservis dès lors leurs consciences et leur jugement, je gêne, pour tout dire, leurs facultés intellectuelles dans leur propre liberté de croire et de penser personnellement. Pendant que je prêche à ceux qui veulent m'écouter qu'ils sont libres de penser et de croire comme bon leur semble, j'arrive insensiblement à les faire penser, à les faire croire non pas comme bon leur semble, mais comme je pense moi-même et comme je crois, en un mot comme bon me semble à moi-même. Personne n'i-

gnore cet axiôme : *autant d'hommes, autant de sentiments.* C'est sur lui que je me base pour affirmer
que mes auditeurs ou mes lecteurs penseraient tout
autrement qu'ils ne pensent, s'ils n'étaient contraints
par mon raisonnement qui les ramène tous ou en
partie à mon opinion. Donc, j'arrive à un but tout
opposé à celui que je me propose; pendant que je
prêche la liberté de penser, je fais dominer ma pensée sur ceux qui m'écoutent. Donc, je suis en pleine
contradiction avec moi-même, ou plutôt avec le
principe sur lequel je m'appuie. Donc, le principe de
la liberté radicale est un principe de contradiction et
ne peut dans aucun cas servir de base, ni théorique,
ni pratique.

Deuxièmement. De fait, le Radicalisme ne renferme aucun raisonnement. Le principe de la liberté
radicale étant un principe de contradiction, exclut
de sa nature tout raisonnement logique et sérieux.
Ses adeptes l'ont parfaitement compris, voilà pourquoi chacun d'eux se garde bien de poser la défense
de sa doctrine comme un thème philosophique et
raisonné. Depuis longtemps je cherche moi-même un
argument unique et péremptoire en faveur du Radicalisme pour me faire le champion de ses idées sou-
riantes; mais je passe mon temps à de vaines recher-
ches, je n'en trouve ni dans ma pensée, ni dans les
écrits radicaux. Dès que je veux raisonner ou criti-
quer, une voix secrète m'arrête en me montrant la
liberté du voisin que je gêne déjà. Je suis paralysé
en vertu même du principe que je défends. Mais
d'autres plus heureux que moi, me dis-je aussitôt à
moi-même, ont peut-être rompu le cercle de fer dans
lequel je suis emprisonné; d'autres ont sans doute
résolu cette question ou plutôt cette difficulté qui

m'empêche d'être radical; d'autres ont certainement trouvé le secret d'être libres et d'enseigner la liberté sans gêner la liberté d'autrui : car sans cela on ne peut être radical, on est absolutiste. Voyons donc les écrits républicains. J'implore leur secours et je ne trouve chez eux que l'argument de la raillerie, du sourire satanique et la partialité du sarcasme. C'est l'arme favorite des radicaux. Tourner en dérision les idées qui leur sont opposées, faire de tous les faits dont les conséquences sont nuisibles à leur ambition l'objet d'une critique dérisoire, voilà tout le raisonnement, tout l'argument, toute la philosophie du Radicalisme. En lisant les feuilles radicales, quel expert, quel sage peut ne pas affirmer qu'il est pour les radicaux cet avertissement charitable du poëte :

« La critique est aisée et l'art est difficile? »

Si la critique est l'arme favorite des radicaux, c'est parce qu'elle est pour eux la seule effective, non pas sur les esprits sérieux, mais sur les lecteurs prévenus et lancés, chez les esprits demi formés, chez les personnes enfin sachant lire et non juger. Pour une intelligence, je ne dis pas essentiellement métaphysique, mais tant soit peu réfléchie, tout simplement sérieuse, la plaisanterie ne tient jamais lieu de preuve. C'est précisément parce que les radicaux, non-seulement ne triompheraient pas, mais qu'encore ils seraient toujours battus à coups de syllogisme, que les sages appellent l'arme blanche de la philosophie, qu'ils n'essayent point cette espèce de combat. Puis, pour des esprits légers le style logique est trop sec; il n'excite pas assez les passions qui ferment les yeux sur le Sophisme et ne

prennent jamais le temps pour l'acclamer, de dé-
pouiller un argument afin de juger si au fond il est
juste ou faux. Voilà pourquoi, n'en doutez plus,
Messieurs les radicaux prennent tant à cœur l'enseignement primaire et gratuit. Ils savent, en effet,
que, comme d'une part la plus grande partie des
études sont tronquées forcément, à défaut de moyens,
et que de l'autre, parmi les hommes dont l'éduca-
tion est complète, il en est toujours un plus grand
nombre qui se rendent plutôt à la voix des passions
qu'aux cris de la morale, leurs feuilletons auront
ainsi beaucoup plus de lecteurs et de téméraires ado-
rateurs que de justes appréciateurs.

Mais que les partisans de la République radicale
soient plus ou moins nombreux, c'est une question
qui importe peu. Momentanément, il s'agit de savoir
s'il existe un argument solide en faveur du Radicalisme. Nous cherchons si le système radical peut
offrir l'avantage d'un raisonnement en forme, d'un
syllogisme inattaquable qui lui mérite le nom de
doctrine raisonnée, saine et logique :Tout le monde
sait que c'est une impossibilité absolue et que tenter
sa défense d'une manière sérieuse serait hâter sa
confusion. Je ne prétends point affirmer par là que
l'on ne le soutiendra pas tant bien que mal, comme
on l'a fait jusqu'ici, par des mots lancés au hasard et
par des phrases sophistiques, par des assertions sans
preuves, par la considé ation de certains faits his-
toriques que l'on attribue, selon qu'il est plus favorable, tantôt aux personnes lorsqu'il faudrait les
attribuer aux circonstances, et tantôt aux circonstances lorsqu'il faudrait les attribuer aux personnes;
mais ces mots éclatants, ces phrases bruyantes, ces
sophismes captieux, ces critiques partiales disparaî-

tront bientôt comme les lueurs vives d'un feu d'artifice. Les effets déjà produits ont prouvé et ne peuvent que prouver, de plus en plus, l'inanité d'un langage trop pompeux et trop brillant.

Troisièmement. Du principe de la liberté radicale on ne peut tirer aucune conclusion logique ni pratique.

Inutile de me perdre ici dans de longs raisonnements pour prouver cette vérité. Elle n'est que la conclusion naturelle, spontanée des deux assertions précédentes. Personne ne niera assurément que d'un principe de contradiction, sur lequel il est absolument impossible de baser un raisonnement sérieux, il soit aussi impossible de tirer des conséquences légitimes.

De là, je conclus et tous conclueront avec moi : tout principe qui induit à la contradiction, qui par suite n'offre l'avantage d'aucun argument péremptoire ni n'aboutit logiquement à aucune conclusion pratique, ne saurait constituer une doctrine raisonnée et sérieuse; or, le principe de la liberté induit à la contradiction, il n'offre l'avantage d'aucun argument péremptoire, et par suite il n'aboutit logiquement à aucune conclusion pratique : donc le principe dé la liberté ne peut pas servir de base à une doctrine quelconque. Or, le Radicalisme repose uniquement sur le principe de la liberté; donc le Radicalisme ne saurait être admis non-seulement comme une doctrine saine et utile, mais encore comme une doctrine pure et simple.

Donc le Radicalisme est inadmissible.

III

Le Radicalisme n'est pas admissible parce qu'il ne peut constituer une société durable.

Qu'est-ce que la société?

La société n'est pas autre chose que le bon état des rapports amicaux et des relations intimes qui rattachent les individus entre eux.

On peut définir plus strictement la société : la vie de l'homme.

Quelle que soit la définition que l'on lui donne, trois constitutifs lui sont absolument, essentiellement requis, savoir : la loi, l'esprit de soumission et la sanction de la loi.

Premièrement, la loi est essentielle à la société. En effet, les individus, n'étant séparément et considérés en eux-mêmes que la matière première d'un tout moral, ressemblent exactement aux molécules d'un corps physique. Ces molécules, prises dans leur accception primordiale et respective, n'ont aucune forme ni aucun nom ; mais, réunies par une attraction secrète, elles prennent la dénomination du corps qu'elles forment. Prenez une pierre, par exemple, brisez cette pierre en autant de fractions qu'il vous plaira ; vous désunissez ainsi le nombre infini de molécules dont je parle. Naguère vous pouviez encore appeler du nom de pierre ces molécules resserrées ; maintenant, isolées, elles ne méritent plus que le nom générique de poussière à l'état de laquelle tous les êtres reviennent lorsqu'ils cessent de subir l'influence naturelle, qui à différents degrés vivifie l'ordre végétal, l'ordre animal et l'ordre minéral.

La pierre que vous avez broyée n'existe donc plus. Que lui manque-t-il? Sa forme, qui a disparu sous les coups de votre marteau. Vous en avez encore les parties innombrables, la matière première; mais vous n'avez plus cette cohésion qui leur donnait une forme, vous n'avez plus de pierre.

La société est, dans l'ordre moral, un être aussi intégralement cohérant que la pierre dans l'ordre physique. La loi est la clef unique de sa cohésion. Enlevez cette force secrète et intime du grand être moral, vous enlevez sa forme. Vous avez dans chaque homme une partie physiquement constitutive de la société, l'ensemble des hommes vous offre un nombre infini de molécules appartenant à ce corps immense; mais sans la loi vous n'avez plus que des grains de poussière sans nom, comme la pierre, en un mot, la société n'existe plus.

Inutile de m'étendre longuement sur ce sujet, l'expérience a parlé avant moi. Si, après elle, j'ose proférer quelques mots, ce n'est que pour rafraîchir dans la mémoire de ceux qu'elle a déjà convaincus, ces arguments, hélas! trop péremptoires.

Suivez en effet, l'histoire à la main, suivez les peuples dans tous les siècles et dans toutes les contrées du monde habité, étudiez-les dans leurs mœurs privées et dans leurs rapports communs, ne les trouverez-vous pas ennuyés de l'isolement et cherchant respectivement à se rapprocher les uns des autres? Soit qu'ils aient des demeures fixes, comme les peuples civilisés, soit qu'ils parcourent, par peuplades, les forêts et les contrées désertes, comme les nomades de l'Afrique et de l'antique Germanie; soit qu'ils cultivent la terre, la science, les lettres et les arts; soit qu'ils croupissent dans la barbarie et qu'in-

cultes, ils ne vivent que du maigre produit d'une
chasse vagabonde, ces peuples ne possèdent-ils pas
toujours et partout une loi propre à favoriser leurs
intérêts et les sentiments de sociabilité, à réaliser la
fusion des esprits et à réprimer les instincts mauvais ? N'y trouvons-nous pas des lois contraires aux
tendances de l'éloignement respectif des individus ?
N'y trouvons-nous pas le cercle infranchissable dans
lequel les actes de chacun doivent se confiner par
respect dû aux actes d'autrui ? N'y découvrons-nous
pas enfin des limites certaines et déterminées qu'il
est impossible à n'importe qui de dépasser sans nuire
à l'intérêt commun ? En face de telles considérations
personne assurément ne peut nier que l'homme, même dans son état de la plus profonde ignorance, de
la plus extrême grossièreté, de la plus inconcevable
barbarie, ait reconnu la nécessité absolue de la loi
pour sauvegarder les intérêts de tous.

On s'efforce aujourd'hui de faire prévaloir la su-
périorité de civilisation pour démontrer l'inanité de
lois aussi sévères qu'en des temps plus reculés, et
l'on demande de plus larges libertés pour obtenir
plus de soumission. Peines inutiles, rêves imagi-
naires, illusions éphémères : si l'homme a des appa-
rences plus attrayantes, un goût extérieur plus
prononcé, des manières plus délicates, des civilités
poussées jusqu'à l'extrême possible, il n'en possède
pas moins une nature radicalement faible en face
de la liberté. Si donc vous voulez la liberté ou l'affranchissement des lois, commencez par extirper
de la nature humaine les imperfections dont elle est
nantie ; arrêtez, lorsqu'ils ne sont encore que dans
l'ordre des possibles, tous nos actes mauvais. Mais
lors seulement que vous aurez purgé ainsi la nature

des hommes, vous pourrez réaliser votre société sans lois. De fait, elle existe cette société libre, et je loue Messieurs les Radicaux d'une si noble entreprise, car la tâche est d'autant plus pénible que la conception est belle ; elle existe, dis-je : mais elle n'existe que là où l'égalité de tous est devenue l'œuvre de la mort. Dans le milieu où nous vivons, il nous faut pour être heureux des lois justes et sévères : la liberté radicale n'y est qu'un vain mot, elle y est plus terrible que l'anarchie.

Deuxièmement. L'esprit de soumission et de dépendance est absolument nécessaire à la conservation de la société.

Si la loi est le fondement de la société, la soumission des peuples en est la principale colonne. C'est dire que si une loi est donnée aux peuples pour les maintenir dans un état heureux, il est du devoir de ceux-ci de ne point chercher à enfreindre celles-là. Les lois veillent sur nous, elles assurent la conservation des droits individuels, comme le berger vigilant protége son troupeau ; les lois font respecter la justice, elles encouragent la vertu, elles défendent les faibles pendant qu'elles châtient l'iniquité, qu'elles blâment le vice et qu'elles délaissent l'orgueilleux.

Mais à quelle marque reconnaîtrez-vous les hommes qui respectent les lois et qui leur obéissent ? Vous les reconnaîtrez à ce signe qu'ils obéissent toujours à l'homme chargé de les appliquer ou de veiller à leur application. On a appelé, de tout temps et avec raison, du nom de tyran et de despote le souverain qui, abusant de son autorité, de ses prérogatives, fait peser outre mesure les rigueurs de la loi sur ses sujets, ou qui encore s'affûtant de droits légitimes, rend victimes de ses passions personnelles tous ceux qui se trouvent à sa portée; mais n'existe-t-il pas, dans le cours des siècles, maintes époques auxquelles le peuple mériterait la même dénomination, d'une façon plus juste encore, à cause de sa conduite envers son chef chargé de veiller à l'intérêt commun en appliquant la justice? Singulier contraste sur lequel tout le monde semble fermer les yeux, et qui cependant nous frappe toujours de ses funestes effets. Pourquoi néanmoins s'en étonner? Le phthisique n'est-il pas le malade qui a le plus de conviction sur le bon état de sa santé?

De tout cela il résulte un théorème spontané, une vérité incontestable, une réalité frappante : c'est que dans le milieu où les hommes sont forcés de vivre, il y a nécessité absolue d'une suprématie éminente. A qui du souverain ou du peuple revient de droit cette suprématie? Ni à l'un ni à l'autre exclusivement, si l'on étudie, d'une part, les faiblesses d'une nature individuelle, et de l'autre la violence extrême des passions populaires. Considérons toutefois qu'un souverain entouré de sages conseillers, recueille toujours de ses actes des leçons fructifiantes, si terribles qu'elles soient; tandis qu'un peuple, maître de sa situation, s'aveugle progressivement et que, dans son aveuglement, il court toujours plutôt vers sa perte que vers son bien-être. Qu'il y ait eu des tyrans, c'est incontestable; mais que leurs maux aient égalé ceux des peuples régicides, j'en donne le formel démenti. C'est parce que le peuple ne peut pas être abandonné à lui-même que la loi a été établie; or le peuple est abandonné à lui même, la loi est vaine si les hommes n'ont point l'esprit de dépendance. D'où je tire cette con-

séquence que, si des deux compétiteurs, le peuple
est celui qui doit obéir, le souverain est nécessairement celui qui doit commander; que, pour cette
raison, le souverain est immuable et sacré; que,
diminuer son pouvoir dans son extension et dans sa
durée, après l'avoir choisi à l'unanimité, c'est diminuer son prestige si nécessaire à sa mission, c'est
exciter les convoitises, c'est attaquer les bases de la
société.

Troisièmement. La sanction des lois est nécessaire
au bien public. La sanction d'une loi est l'application des peines attachées à la violation de cette
même loi. Or, on viole une loi lorsque l'on néglige
le bien qu'elle commande ou, et surtout, lorsque
l'on commet le mal qu'elle défend. Cette définition
seule prouve suffisamment combien mon assertion
est juste. La loi ne doit pas être un vain mot; de
plus, la nécessité de son existence prouve suffisamment la nécessité de son application. Il serait super-
flu de s'arrêter longtemps sur une vérité aussi
patente. Cette vérité ressort et de la raison, et de
la tradition, et de l'expérience, et du bon sens
commun.

Voyons maintenant si la République radicale
contient les trois éléments nécessaires, essentiels à
l'intérêt des peuples. Si le Radicalisme contient les
trois éléments nécessaires à la société, savoir : le
maintien ou le règne des lois, l'obéissance des sujets
à ces mêmes lois et au chef du pouvoir exécutif qui
en est l'organe, et enfin le maintien des peines attachées à la violation des lois, nous sommes forcés d'a-
vouer non-seulement qu'il est admissible, mais encore
qu'il est préférable à tous les autres régimes. Si au
contraire le Radicalisme ne réunit point tous ces

avantages, il ne peut en aucune façon organiser ni à plus forte raison conserver une société.

Premièrement. Le Radicalisme est-il protecteur réel de la loi ?

La loi, avons-nous dit, a été créée pour réprimer les passions; elle résiste aux mouvements orageux des individus agissant collectivement ou séparément; elle sert de digue aux flots bouillonnants des peuples passionnés. La loi est donc immuable par elle-même. En conséquence, nous devons appeler défenseur de la loi quiconque lui reconnaît cette qualité essentielle. Or, le Radicalisme refuse à la loi toute stabilité, il ne saurait donc être protecteur de la loi. En effet, le Radicalisme a pour principe et pour fin le gouvernement pur et simple du peuple par le peuple. Mais, d'après ce principe, la loi peut être supprimée et rétablie à volonté, selon que la violence révolutionnaire grandit ou diminue. Si vous admettez que le peuple doive être gouverné uniquement par lui-même, mieux vaut dire que les flots de l'Océan doivent se créer eux-mêmes les limites qu'il ne leur est pas permis de franchir. De même que ces flots, courroucés par les vents déchaînés, s'élèvent beaucoup au-dessus de la plage formée de bancs de sable sous les vagues ordinaires, et menacent de tout engloutir, s'ils ne trouvent dans leur élan une muraille solide contre laquelle ils se brisent impuissants; de même les peuples soulevés momentanément par les passions ne violeront-ils pas, pour satisfaire leurs appétits injustes, les lois dont ils auront eux-mêmes été les auteurs dans un temps plus calme, s'ils ne sont arrêtés dans leur fougue, par une main ferme, une barrière infran-chissable contre laquelle doivent s'émousser toutes frénésies passagères et terribles? Cependant, cette barrière infranchissable créée pour dompter les hommes, pour comprimer les effervescences populaires n'est pas autre chose que la loi. Or, si vous admettez que la loi relève uniquement du peuple, vous êtes forcés, pour rester conformes à ce principe, que « le législateur a le droit d'abroger la loi qu'il a créée, » vous êtes forcés, d'après ce principe admis par tous, d'assimiler les lois vis-à-vis de l'homme aux arênes sablonneuses vis-à-vis de l'Océan. Dès lors vous détruisez le règne de la loi, vous avez le règne des passions. N'est-ce pas, d'ailleurs, ce principe qui a engendré les orgies de notre grande Révolution? N'est-ce pas au moyen de ce principe que l'on a presque tout détruit, sous prétexte de tout réformer? La réforme, cependant, n'entraîne point nécessairement avec elle le désordre et l'anéantissement. Enfin, je crois vous avoir suffisamment prouvé que le Radicalisme est loin de favoriser la stabilité des lois, en démontrant que de sa nature il tend à les multiplier.

Deuxièmement. Le Radicalisme prescrit-il aux peuples la soumission qu'ils doivent aux lois et aux chefs qui sont l'organe des lois? Veuillez vous reporter, chers lecteurs, aux articles 2, 3 et 4 de notre première partie, où nous apprécions les moyens, la fin et surtout les effets du Radicalisme. Les justes considérations que vous y trouverez suffiront amplement pour vous convaincre de la négative par laquelle vous devez répondre à quiconque vous demandera si la République apprend aux peuples à obéir. Quoi? le Radicalisme vous dit hautement que vous êtes libres, il vous enseigne que, si vous vivez sous des lois, ces lois doivent tout au moins émaner uniquement de vous, et, conséquemment, il vous enseigne que, si ces lois gênent, vous pouvez de plein droit les abroger; le Radicalisme vous apprend que vous pouvez licitement briguer les honneurs par tous les moyens possibles; le Radicalisme approuve, sous vos propres yeux, le vol et la ruse; le Radicalisme tourne en dérision le culte divin; le Radicalisme nie aux sociétés antiradicales (j'entends les sociétés religieuses) le droit, la simple liberté de possession; le Radicalisme vous apprend à rassasier votre ambition personnelle; le Radicalisme vous enjoint de fêter les perturbateurs de l'ordre, les usurpateurs du pouvoir au 4 Septembre 1870; le Radicalisme personnifié, enfin, vous donne l'exemple de l'insubordination, et vous voudriez reconnaître que ses adeptes sont sincères, subordonnés, pacifiques, obéissants? Non, évidemment non, puisque ce serait une contradiction flagrante, un mensonge évident, une folie inqualifiable.

Quant à la sanction de la loi, je ne me vois nullement obligé d'en parler. Toute opinion qui exclut, de sa nature, la stabilité des lois et qui enseigne aux sujets l'insubordination, ne saurait admettre la sanction des lois. Elle admettra, sans doute, des peines terribles; mais ces peines, quelque dénomination qu'elles portent, ne seront plus la sanction des lois: elles seront l'œuvre de certains caprices, elles naîtront de quelques volontés partiales, et sous le cachet des lois elles ne seront que l'action de la tyrannie.

Pour rester dans le giron du vrai, concluez donc avec moi: au maintien de la société et à la prospérité des peuples sont nécessaires: 1° la stabilité des lois, 2° l'obéissance des sujets ou la subordination spontanée des peuples, 3° la sanction des lois ; or, le Radicalisme est la négation complète de ces trois éléments essentiels à la société; donc le Radicalisme ne saura jamais organiser une société durable. Donc le Radicalisme n'est pas admissible.

IV

Le Radicalisme n'est pas admissible, parce qu'il se contredit à lui-même.

Nous avons déjà dit plus d'une fois en passant que le Radicalisme se contredit à lui-même; mais il n'est pas inutile de développer dans un chapitre spécial ce thème d'autant plus important qu'il est plus vrai et plus réel. Il est même nécessaire de développer sous toutes les formes possibles l'horreur du mensonge avant de tirer nos conclusions pratiques.

Gardons-nous de nous laisser captiver par les beaux discours de certains députés ambitieux, qui ne sont députés que pour se faire un nom, soit par la prééminence de leur langage, soit par la nouveauté de leurs idées; de ces députés qui ne sont députés que pour mériter vingt-cinq mille francs de traitement en essuyant seulement les bancs de l'Assemblée; de ces députés qui, oubliant leur mandat, celui de défendre les droits du pays (j'entends les droits du bien et de l'ordre) cherchent plutôt à faire prévaloir les moyens de satisfaire leur propre ambition (j'entends les droits du mal et désordre, s'il est permis de dire que le mal et le désordre ont des droits).

Je m'explique. Les radicaux prétendent défendre

les droits du peuple en réclamant des libertés sans bornes, ils se vantent d'arriver à bonne fin, en accordant au peuple toutes les libertés possibles. En attendant qu'ils nous prouvent clairement et par le raisonnnement et par les faits la justesse d'une telle assertion, je vais démontrer par les mêmes arguments qu'ils ne défendent nullement l'intérêt des peuples et qu'ils n'atteindront jamais les bons résultats qu'ils nous promettent; bien plus, je vais leur prouver qu'ils sont, ni plus ni moins, la ruine inévitable de la société et que leur voie n'aboutit qu'à une fin déplorable.

Messieurs les radicaux n'ignorent pas sans doute que la liberté individuelle finit là où la liberté individuelle commence. Ce n'est pas une pure fiction ni même une simple vérité traditionnelle, c'est une réalité évidente au simple bon sens inné, et que peut démontrer la philosophie naturelle. Or, si vous élargissez les libertés de chacun, si vous agrandissez ce cercle dans lequel il m'est permis de me mouvoir, vous m'introduisez immédiatement dans le cercle qui circonscrit les actes licites de mon voisin; vous êtes forcés, par ce même principe, d'accorder au prochain le droit d'élargir ses libertés personnelles et dès lors, il entre à son tour sur le domaine de mes libertés. Je lui impose ainsi ma volonté et il m'impose la sienne successivement; je me soumets à sa volonté et il se soumet à la mienne tour à tour. Agrandir la liberté, c'est donc marier ensemble les désirs, les goûts, les aptitudes de chacun, c'est allier les passions les plus opposées, c'est faire compatir le bien avec le mal, c'est l'impossible, c'est l'absurde, c'est le socialisme pur, l'anarchie complète, c'est l'esclavage proprement dit. En effet, vous savez que le bien et le mal sont incompatibles, qu'ils sont personnifiés l'un et l'autre par la nature, les passions de chacun, et vous accordez à chacun le droit de dominer tour à tour? Mais, tandis que vous laissez dominer le méchant sur le bon, n'êtes-vous pas les destructeurs du bien, qui est la source absolument unique du bonheur commun? Assujettissez un instant le beau et le bien, vous faites disparaître aussitôt les bases fondamentales de toute société possible : Religion, Morale, Autorité, Discipline et Confiance. Or, sans la Religion qui forme les cœurs, sans la Morale qui affranchit notre pauvre nature de ses passions mauvaises, sans l'Autorité qui fait respecter les droits individuels, sans la Discipline qui fait la force, sans la Confiance qui relie tous les esprits entr'eux, il est littéralement impossible à n'importe qui d'administrer, de maintenir un peuple, pas même une peuplade.

Voilà où les libertés radicales peuvent nous conduire, voyons maintenant où elles nous conduisent en réalité. La liberté de la presse, par exemple, dans le sens du Radicalisme, ne fait que nuire à l'intérêt commun, car elle rend publiques les discussions philosophiques, morales et immorales, religieuses et politiques qui excitent les passions des partis. Par elle, le mal, en offrant la satisfaction à toutes les convoitises, s'attire des défenseurs plus ardents et plus nombreux. Je dis plus ardents, car le sectaire qui a conscience de sa mauvaise doctrine, trouve un nouveau courage dans les efforts de ses collaborateurs; je dis plus nombreux, car les doctrines mauvaises, surtout celle du Radicalisme, ont toujours l'insigne avantage de tromper ceux dont le jugement n'est pas à même de les discuter, ni de les apprécier.

Sous le manteau de l'hypocrisie, les doctrinaires viennent dire aux masses : « Nous défendons vos droits et nous voulons votre bien, soyez les nôtres.» Et les masses trop crédules se laissent captiver parce que l'on paraît satisfaire présentement leurs appétits. Cet appétit, ce désir continuel, ce rêve ineffaçable, n'a-t-il pas été, n'est-il pas et ne sera-t-il pas toujours la liberté? Cette liberté que nous pleurons!... Cessons-nous un instant de la pleurer, ce n'est que pour écouter, silencieux, si une voix étrangère ne vient pas soudain nous annoncer son retour. C'est alors que le moindre bruit, ne fût-ce que le léger vol de l'hirondelle, captive d'abord notre attention, puis notre espoir, puis notre dévoûment. Les radicaux l'ont parfaitement compris, voilà pourquoi, comme tous les faussaires, ils ne trouvent point de meilleur appât que la promesse de la liberté.

Aussi, ne faut-il point s'étonner de ce que dans une crise électorale, ce soit toujours ou presque toujours le candidat le plus libéral qui sorte de l'urne. Cependant, demandez à vos électeurs, messieurs les radicaux, ce qu'ils désirent en fait de libertés. Ils vous répondront qu'ils n'en savent rien, ou bien ils vous diront qu'ils désirent être affranchis de l'impôt, ne point payer leurs administrateurs, leurs députés les premiers. Ils vous répondront : « Nous voulons être libres de faire tout ce qui nous est permis dans le cercle de nos droits, ne point être insultés ni contrariés par le prochain qui ne voit ni ne pense pas comme nous; nous voulons être libres de pratiquer ou non la religion de nos pères et de l'enseigner à nos enfants; nous voulons enfin être libres dans nos affaires domestiques, en sorte que personne ne vienne s'enquérir du chiffre de nos possessions, pour nous imposer des contributions proportionnelles. Si l'on ambitionne de nous gouverner, vous diront-ils, que ce ne soit pas du moins à nos dépens. » Or, messieurs les radicaux, vos libertés répondent-elles aux désirs de vos commettants? Nullement. Vous favorisez même le mal auquel ils vous demandent de remédier. Au moyen de la liberté de la presse, par exemple, vous excitez tous les jours les esprits frénétiques qui se gênent peu d'insulter à la vénération des âmes chrétiennes. Quoi cependant de plus beau, de plus noble que de rendre à Dieu le culte qui lui est dû? C'est un crime d'autant plus grand d'insulter à la piété, qu'elle est ce qu'il y a de plus digne de respect et le devoir pur et simple de chacun. Mais sans nous perdre dans des digressions qui toutefois ont bien leurs raisons d'être, convenez forcément, messieurs les radicaux, que par la liberté de la presse vous gênez vos électeurs particulièrement dans le culte religieux. Cependant vous leur avez promis la liberté.

Sont-ils plus heureux en attendant de vous la liberté de posséder, je veux dire l'affranchissement de l'impôt? Vous-mêmes, vous allez certainement me répondre : Est-il même possible d'y penser? Et les indemnités de guerre, et la dette publique, et les frais d'administration intérieure, comment les solder sans l'impôt? J'avoue que notre situation financière, sans être critique, est fort difficile. Mais, dites-moi, cette situation qui nous l'a faite, sinon les révolutions multipliées, sinon les changements de gouvernements qui, depuis quatre-vingts ans, nous ont causé des dettes toujours nouvelles et toujours croissantes? Et ces révolutions où prennent-elles leur source? N'est-ce pas toujours dans la liberté, qui facilite les séditions et les révoltes? Vous ne pouvez le nier, radicaux, notre situation, que vous déplorez du moins en apparence, c'est vous qui nous l'avez faite.

Mais, admettons un instant le contraire, supposons qu'elle ne soit nullement votre œuvre; paraissez-vous au moins y remédier? Promettez-vous franchement, pour un temps plus ou moins éloigné, une amélioration quelconque? Non encore et mille fois non, puisque, d'un côté, vous demandez des libertés plus larges encore qui permettront aux passions déchaînées de s'exercer impunément et que vous favorisez ainsi les changements fréquents des gouvernements; puisque, de l'autre, vous cherchez à affaiblir la force de l'autorité, qui seule peut leur mettre un frein. Vous ne pouvez ainsi que nous engendrer de nouvelles révolutions de plus en plus fréquentes et terribles. De l'avis commun, ce serait cependant bientôt assez. Depuis tantôt un siècle ces révolutions périodiques nous ont créé une dette modeste de dix-huit milliards. Encore un demi-siècle, et dans l'espace de cent cinquante ans vous aurez préparé le mal que, depuis dix siècles avant vous, la France n'avait point vu dans son sein; encore un demi-siècle, et un autre quatre-vingt-treize en matière de finance, une seconde banqueroute nous sera nécessaire. Mais, cette fois, vous ne pourrez plus vous emparer des biens ecclésiastiques, puisqu'il n'y en a plus; vous ne pourrez plus confisquer les biens féodaux, ils n'existent pas davantage. Il vous faudra donc faire main-basse indistinctement sur toutes les propriétés. Ainsi, la France agricole surtout deviendra la propriété de l'État, le pauvre cultivateur redeviendra colon, le véritable propriétaire se verra dépouillé de ses biens, et, sur une terre qu'il aura acquise à la sueur de son front, il deviendra le simple tributaire d'un gouvernement tyrannique. De là à l'ancien régime il n'y a pas loin. Pourquoi donc déclamer chaque jour contre le régime féodal, puisque vous lui tendez la main ? Pourquoi nous abasourdir de vos haines à son égard, puisque vous courez droit à son encontre ? Car, enfin, supposons mon hypothèse réalisée, je ne vois aucune différence entre une préfecture et un ducat, j'en vois encore moins entre la sous-préfecture et la seigneurie, et enfin entre la mairie et le marquisat je trouve une identité non moins absolue.

D'où je tire deux conclusions irréfragables : la première, c'est que non-seulement vous ne répondez pas à l'attente du peuple, que vous représentez, mais encore vous travaillez à l'opprimer et à le déposséder ; la seconde, c'est que vous êtes clairement inconséquents à vous-mêmes en ce que, par les principes mêmes de dix-sept cent quatre-vingt-neuf dont vous vous affichez les ardents défenseurs, vous favorisez on ne peut plus le régime que vous haïssez et que vos maîtres ont renversé. Donc, le Radicalisme se contredit à lui-même.

A cela vous répondez, Messieurs les radicaux : « Les Révolutions dont vous nous accusez et auxquelles nous sommes complétement étrangers, prennent précisément leur source dans votre défiance ; accordez-nous ce que nous vous demandons, donnez de plus larges libertés et vous verrez que tout ira beaucoup mieux. » Mais que demandez-vous donc ? Vous demandez l'établissement définitif d'une République, basée sur ce principe, que le Président sera renouvelable tous les cinq ans, ou du moins à des époques très-rapprochées? Vous nous demandez des lois en vertu desquelles vous serez renvoyés tous les cinq ans ou tous les dix ans devant le peuple, pour savoir s'il veut vous maintenir ou vous remplacer par d'autres? Comme nous l'avons déjà dit, n'est-ce pas agiter tous les cinq ans les passions politiques? N'est-ce pas tous les cinq ans soulever des tempêtes orageuses entre les partis vaincus et les partis vainqueurs? C'est évidemment une lutte, une discussion, une guerre continuelle. Si, en effet, les élections favorisent le parti de l'ordre, les Communards ne s'inonderont-ils pas d'intrigues pour réussir au prochain tour de scrutin? Puis enfin, pourquoi ne pas le dire, si aujourd'hui nous avons l'illustre Maréchal de Mac-Mahon pour nous défendre, ne risquons-nous pas d'avoir dans cinq ou dix ans MM. Ranc et Barodet pour nous égorger? Voilà où nous ont conduits les libertés radicales personnifiées dans certains hommes qui cependant nous avaient promis, en acceptant de nous leur mandat, de veiller à nos intérêts et à notre conservation. Pouvons-nous donc encore espérer d'elles autre chose! Par ces libertés, nous allons toujours d'indécisions en indécisions, de craintes en craintes toujours plus fondées, toujours préoccupés nous-mêmes du lendemain, sans être sûrs du présent. Quoi! les restes encore fumants de vos incendies, le sang encore chaud de vos victimes, les cadavres encore vermeils tombés sous vos coups frénétiques attestent toujours vos desseins inhumains, votre injustice, votre sauvagerie, et vous osez, sous le voile de la franchise, redemander ces mêmes libertés dont vous avez abusé au-delà de toute conception lorsque vous **les possédiez sans frein? Mais n'est-ce pas rire à la** face des individus de leur bonté, de leur bonhomie ? N'est-ce pas dire au peuple lni-même, personnifié par la majorité conservatrice : « Donnez-moi ce poignard dont je vous ai blessé deux fois, la première en dix-sept cent quatre-vingt-treize et la seconde en dix-sept cent soixante-et-onze et que vous m'avez ravi ; donnez-le moi et cette fois je vous égorgerai. » Que Cicéron ne vit-il encore pour s'écrier à votre face, du haut de la tribune : Jusques à quand, Catilina, abuseras-tu de notre patience ?... O temps, ô mœurs ! etc...

Si je ne m'appuyais que sur des simples théories, les radicaux pourraient nier mes assertions : mais ils sont là ces faits irrécusables, ces faits d'hier, pour confondre devant l'Univers entier le Radicalisme et tous ses adeptes. Si je parlais, je ne dis pas un sièle, mais seulement un demi-siècle après les événements, la moitié des peuples pourraient me refuser leur assentiment, je ne trouverais peut-être d'approbation que dans quelques témoignages de l'histoire et chez les rares témoins oculaires encore survivants ; mais je parle le lendemain des désastres, je ne m'adresse qu'à des témoins proprement dits, que dis-je ? je parle aux victimes. Que les radicaux entreprennent de justifier leurs principes et ils seront aussi confondus qu'en essayant de justifier leurs atrocités passées.

Les radicaux fussent-ils sincères, il n'est point douteux que leurs procédés doivent être rejetés. Il faudrait avoir bien peu étudié la nature humaine, pour croire que seules les libertés les plus larges sont capables de la ramener au bien. Mieux vaut dire qu'un coursier fougueux ne s'arrêtera qu'en sentant les rênes lui tomber sur le cou. Cette pauvre nature qui flotte à tous les vents, qui tantôt s'irrite et tantôt s'adoucit, qui revêt tantôt un caractère vraiment loyal et tantôt le manteau de la perfidie la plus secrète et la plus noire; cette pauvre nature, enfin, qui se montre aujourd'hui désintéressée au plus haut point, et demain enflammée des derniers désirs de l'ambition; vous voulez que je lui accorde ma confiance? Jamais! non jamais! à moins qu'elle ne tempère ses penchants par cet esprit religieux qui seul nous donne la force de blâmer le mal et d'approuver le bien. Or, en parlez-vous dans votre doctrine radicale, MM. Gambetta, Jules Favre et consorts? De l'Église, la République modèle pas un mot! De la Religion, qui seule enseigne aux peuples leur devoir, pas un mot! Donc, votre promesse n'est pas sincère: donc, dans votre bouche la liberté n'est qu'un vain mot.

N'allez pas croire que je me fasse un jeu de combattre les radicaux, ces ardents patriotes toujours prêts à mettre, à l'occasion, la main sur le pouvoir. Je voudrais, au contraire, être en droit de faire leur apologie; mais c'est en vain que je cherche dans mes souvenirs du passé et dans ma conscience un témoignage en leur faveur. Tout applaudit à mon langage, tout démontre que sous la promesse du beau, du vrai et de la franchise, ils cachent l'arrière-pensée du mensonge et de l'égoïsme frauduleux. Je veux bien m'abstenir, par exemple, de blâmer le chef des radicaux qui se constitua dictateur de la France en 1870; je veux bien ajouter foi à ses bonnes intentions patriotiques et croire qu'il n'a pris à sa charge la solution d'un problème trop difficile pour lui que sous l'impulsion de son dévouement; je veux bien admettre qu'il n'y ait eu à ses yeux nullement à hésiter,

qu'il y allait même du salut du pays de maintenir
une organisation immédiatement après nos premiers
désastres; je veux bien écarter tout préjugé, toute
prévention contre lui à ce sujet; je le loue même,
s'il le veut, d'avoir levé, organisé contre l'étranger
envahisseur des forces auxquelles celui-ci s'attendait
d'autant moins qu'il nous les a plus chèrement fait
payer; mais ce qu'il est impossible d'admettre, ce
que personne ne peut justifier, c'est sa retraite pré-
cipitée du gouvernement après l'armistice, c'est l'a-
bandon surtout dans lequel il laisse sa patrie que
lui-même il a pris en main de défendre au nom de
son saint et ardent patriotisme. N'eût-il pas dû, au
nom de ce même feu patriotique dont il brûlait à
l'approche de l'étranger envahisseur, tourner contre
l'horrible Commune de Paris les forces qui lui res-
taient encore de celles qu'il avait lui-même organi-
sées? Je suis loin d'accuser M. Gambetta d'avoir
connu et favorisé sous main les projets iniques de
MM. Ranc et consorts; mais il me permettra bien,
sans doute, d'arrêter en passant mon attention sur
cette coïncidence de faits, qui n'a comme point d'appui pour se faire bien interpréter que la bienveillance
des esprits : triomphe de la révolte et disparition
spontanée et subite du chef du pouvoir. Il n'est point
douteux, en effet, que si le Dictateur de 1870-1871
fût resté fidèlement à son poste, s'il eût surveillé les
factieux dans leurs mouvements, s'il eût opposé à la
révolution, je ne dis pas une digue insurmontable,
mais au moins l'ombre d'une opposition énergique;
il n'est point douteux, dis-je, que M. Gambetta eût
écarté de son pays bien des malheurs et qu'il eût
mérité par là l'estime et la confiance générale. En
vain, nous objectera-t-il que la situation n'était plus

tenable, nous lui répondrons toujours par cet argument péremptoire : Ou vous étiez sincèrement dévoué à votre pays, ou vous ne l'étiez pas : Si, oui, vous nous avez prouvé deux choses : la première, c'est que vous êtes incapable de nous gouverner ; la seconde, c'est que vous n'avez cédé qu'à votre ambition en prenant à votre charge, d'une manière irréfléchie, le fardeau que vous n'avez pas pu soutenir. Si, non, ce qu'à Dieu ne plaise ! vous êtes traître plutôt que ceux à qui vous en avez vous-même donné le nom ; car, sous prétexte de nous sauver, vous nous avez rapprochés de notre ruine. Non, jamais coïncidence de faits n'eut plus l'apparence de complots tramés à la longue.

De là je conclus :

1° Tout parti politique qui trompe la confiance du peuple, qui disparaît spontanément au moment même où la sécurité publique est menacée par les passions révolutionnaires et les séditions intestines, est absolument indigne de gouverner ; or, l'expérience nous apprend que le parti radical abandonne la sécurité publique aux révolutions effrénées : donc le parti radical est indigne de gouverner.

2° Tout régime gouvernemental qui se contredit dans la pratique, c'est-à-dire qui nous conduit à un but tout opposé à celui qu'il promet, n'est pas admissible ; or, le système radical se contredit dans la pratique : donc le système radical n'est pas admissible.

3° Toute opinion dont les théories sont contraires au bon sens commun doit être rejetée ; or, les théories du Radicalisme sont contraires au bon sens commun : donc le Radicalisme doit être rejeté.

Maintenant, Français, voyez ce qu'il vous reste à faire. J'ai poussé mon courage jusqu'à vous dire le vrai en face de bien des contradicteurs; à vous la tâche de remédier à tous les maux qui vous menacent. Ma parole, je le sais, blessera plus d'une oreille; mais, soit que vous partagiez mon opinion, soit que vous la réprouviez, pensez, chers lecteurs, qu'en prenant la plume je me suis proposé le seul but de vous être utile. Riches et puissants, qui avez des prestiges à conserver, honnêtes industriels qui voulez parvenir, braves ouvriers qui demandez du travail, et vous surtout, braves laboureurs, qui demandez la paix intérieure pour vivre heureux et prospères au fond de vos campagnes, au milieu de vos moissons et de vos troupeaux, vous que je connais pour avoir partagé dès mon berceau vos joies et vos peines; vous tous enfin qui avez une possession à garder, une famille à élever, une vie à gagner, qui que vous soyez, défiez-vous des idées de liberté dont on vous enivre et rappelez-vous qu'une liberté plus grande que celle dont vous jouissez ne saurait jamais être avantageuse à d'autres qu'à ceux qui n'ont à risquer que leur propre existence. Ne favorisez jamais tel parti, pour la seule raison qu'il est nombreux et enthousiaste; défiez-vous des libertés, préférez l'autorité et travaillez à l'affermir, en vous rappelant que vous travaillerez ainsi à affermir l'ordre et la prospérité. Mais, ne l'oubliez pas, cette autorité, qui peut vous faire respecter partout et toujours, à l'ombre de laquelle vous pourrez travailler et vivre sûrement, vous ne la trouverez jamais dans une République radicale, vous ne la trouverez pas même dans une République conservatrice, vous ne la trouverez que dans une Monarchie libérale, mais assez puissante pour arrêter le mal; je veux dire, que vous ne la trouverez que dans l'Empire. N'oubliez pas surtout que celui qui vous parle n'est que le fils d'un pauvre laboureur, sans antécédents et sans espoir de l'avenir. En écrivant ces pages, je n'ai qu'une ambition, c'est celle d'être utile à mon pays, après avoir étudié ses maux et ses besoins.

Un homme, dont les antécédents politiques auraient pu nous influencer, n'a pas craint de nous dire qu'il était nécessaire de céder au Radicalisme, à cause de son extension gigantesque. Depuis quand donc est-il nécessaire de céder au mal parce qu'il envahit tout? Messieurs les Radicaux ont interprêté dans tous les sens ce jugement de M. Thiers sur l'état de la France, pour influencer le parti de l'ordre et de la conservation; mais, ne vous y trompez point, cette réponse souriant aux républicains, n'est réellement que la justification pure et simple d'une conduite personnelle. D'ailleurs, fût-elle vraie dans toute son acception, le Radicalisme eût-il progressé au point de dominer envers et contre tous, rappelons-nous qu'il n'a pour lui ni le droit ni la justice, et qu'en conséquence, ce serait pour nous une cause de redoubler nos efforts.

Instruits par de trop terribles leçons, lassons-nous, braves paysans et honnêtes ouvriers, lassons-nous de tant de malheurs dont notre propre indifférence est la source. Si le mal a fait tant de progrès, cela ne peut provenir que des trop larges libertés accordées à ses partisans. Et encore où est-elle pour vous cette liberté de la République? Vos impôts sont augmentés, le travail vous manque, le commerce languit, voilà les effets de la République. Puis donc que l'on nous apprend, à nos propres dépens, que plus on est indulgent à l'égard de l'ambition per-sonnifiée, plus elle devient exigeante et audacieuse, sachons en profiter, employons à la défense de notre cause, qui, d'ailleurs, est celle du droit commun, l'énergie et l'activité infatigables dont les ambitieux nous donnent depuis longtemps l'exemple. Avouons-le, l'application du remède n'est pas aujourd'hui plus difficile qu'elle ne l'eût été dans un temps antérieur; notre tâche devient même plus facile journellement, car le jour se fait peu à peu sur les calomnies dont nos adversaires voulaient entacher notre parti dans l'histoire. On sait aujourd'hui, d'un bout du monde à l'autre, que ce n'est pas notre digne Empereur qui nous a perdus à Sedan, mais bien les factieux du 4 Septembre. On sait, on a su et l'on saura toujours que ce n'est pas notre Empereur qui a fait monter à cinq milliards et deux provinces notre indemnité de guerre, mais bien les ambitieux qui, nous promettant de faire mieux que lui, nous ont adroitement exploités par un prolongement de guerre inespéré de tout le monde.

Eh! quoi! pour atteindre leur but à nos frais, nos adversaires, Messieurs les radicaux, ne dorment ni nuit ni jour; et nous serions assez mous pour nous reposer plus qu'eux lorsqu'il s'agit de nous défendre, de conserver nos intérêts? Dans ce cas, nous serions bien en droit de croire une seconde fois ce que nous disait, dans des temps plus heureux, un étranger plus instruit que nous-mêmes de nos divisions secrètes: « Vous êtes un peuple pourri! » Plus arrogants que sérieux, nous répondîmes à celui qui devait être notre vainqueur: « Touchez-nous et vous apprendrez le contraire! » Coup sur coup il n'a fait que souffler sur nous et nous nous sommes affaissés malgré nos efforts surhumains. C'est alors que nous avons subi l'effet, hélas! trop aigu, de la maladie secrète qui nous dévorait; c'est alors que les milliers de vers rongeurs, cachés sous la chair vermeille de notre société, ont paru pullulant en plein jour comme une fourmillière effarouchée. Un médecin s'est offert à notre guérison. C'est un acte de dévouement qui doit mériter notre reconnaissance, raviver notre confiance et relever notre courage. Rallions-nous à lui comme à une planche de salut. Je veux parler du Maréchal de Mac-Makon, à qui notre histoire doit consacrer des pages de gloire et d'actions de grâces. Cet illustre Rolland de notre époque a un mandat à remplir, soutenons-le de nos idées et de nos actes; et quand il ne sera plus, braves habitants des campagnes, qui n'avez plus de commerce depuis nos grands désastres, honnêtes ouvriers qui n'avez plus de travaux (car c'est à vous que je m'adresse, puisque vous êtes les plus nombreux et les seules victimes d'une politique raffinée) demandez encore une autorité ferme et résolue, capable d'éloigner de vous les tracas politiques, les révolutions et la misère.

Rappelez-vous vos vingt années de prospérité et vous comprendrez bien vite que cette autorité ne se trouve que dans l'Empire.

Quoi! vous dira-t-on, après les malheurs que l'Empire nous a causés vous pensez à le rétablir?

Hélas! ce n'est pas l'Empire qui nous a faits malheureux, ce sont ceux qui ont cru faire mieux que lui, je veux dire les Républicains. Voilà ceux qui nous ont jetés dans le pétrin d'où ils ne peuvent nous tirer aujourd'hui.

G. M. DEBONNEARME.

Paris.— Imprimerie Parisienne, L. Edmonds et Frères, impasse Bonne-Nouvelle, 5.

www.ingramcontent.com/pod-product-compliance
Ingram Content Group UK Ltd.
Pitfield, Milton Keynes, MK11 3LW, UK
UKHW021641090726
13657UKWH00004B/1695